O Brasil no Império Português

CB141836

Janaína Amado
Luiz Carlos Figueiredo

O Brasil no Império Português

ZAHAR

Homenagem especial à Newberry Library

Copyright © 2001 by Janaína Amado e Luiz Carlos Figueiredo

Capa
Carol Sá e Sérgio Campante

Ilustração da capa
Fortaleza da praia de Santiago, no arquipélago de Cabo Verde. Theodore de Bry, *Peregrinationes in Americam*, prancha XV, 1590, The Newberry Library, Chicago.

Vinheta da coleção
Ilustração de Debret

CIP-Brasil. Catalogação na fonte
Sindicato Nacional dos Editores de Livros, RJ

Amado, Janaína, 1947-
A494b O Brasil no Império português / Janaína Amado, Luiz Carlos Figueiredo. — 1ª ed. — Rio de Janeiro: Zahar, 2001.
il.. — (Descobrindo o Brasil)

Apêndice
Inclui bibliografia
ISBN 978-85-7110-579-9

1. Brasil — História. 2. Portugal — História. — Século XVI. 3. Portugal — Civilização — Século XVI. I. Figueiredo, Luiz Carlos. II. Título. III. Série.

CDD: 981
00-1504 CDU: 981

Todos os direitos desta edição reservados à
EDITORA SCHWARCZ S.A.
Praça Floriano, 19, sala 3001 — Cinelândia
20031-050 — Rio de Janeiro — RJ
Telefone: (21) 3993-7510
www.companhiadasletras.com.br
www.blogdacompanhia.com.br
facebook.com/editorazahar
instagram.com/editorazahar
twitter.com/editorazahar

FSC
www.fsc.org
MISTO
Apoiando o manejo florestal responsável
FSC® C128038

A marca FSC® é a garantia de que a madeira utilizada na fabricação do papel deste livro provém de florestas que foram gerenciadas de maneira ambientalmente correta, socialmente justa e economicamente viável, além de outras fontes de origem controlada.

Esta obra foi composta por TopTextos Edições Gráficas em Adobe Garamond e Rotis Semi Sans e impressa em processo sob demanda pela Um Livro sobre papel offset para a Editora Schwarcz a partir de 2024

Sumário

Créditos das ilustrações

1, 3, 4 e 5. *Civitates Orbis Terrarum*, Braun & Hogenberg, 1572-1618, Amsterdã, vol.I.

2. Detalhe de um mapa de Martin Waldsmüller, 1507. Reprodução de uma cópia existente na Antuérpia.

6 e 7. Gravura de Rugendas, *Viagem pitoresca através do Brasil*, 1835, III Divisão, pranchas 22 e 25, respectivamente.

8. Gravura de André Thevet, in *Cosmographie universelle*.

Introdução

Em janeiro de 1514 o rei português D. Manuel, o Venturoso, enviou uma embaixada ao Vaticano. O monarca — que se intitulava "rei de Portugal, dos Algarves, d'aquém e d'além mar em África, senhor da Guiné e da conquista, navegação e comércio da Etiópia, da Arábia, da Pérsia e da Índia" — queria resolver questões com o Papa e intervir na política internacional, mas sobretudo queria dar ao mundo uma demonstração de poder e riqueza. Para isso, decidiu mandar a Roma uma embaixada tão faustosa que deslumbrasse o mundo e ficasse gravada na memória dos séculos.

Em março de 1514, o magnífico cortejo português saiu da Praça do Povo, em Roma, em direção ao Vaticano. À sua frente desfilavam 300 cavalos enfeitados por mantos de brocado e ouro, montados por cavaleiros ricamente vestidos de seda. Seguia-os uma multidão engalanada, formada por portugueses que moravam em Roma, padres, militares, mercadores e parentes dos embaixadores. Sobre cavalos de raça com arreios esmaltados de ouro e pérolas, apresentavam-se

50 fidalgos, adornados com chapéus de plumas bordados com aljôfar, colares e anéis de ouro e pedras preciosas, fitas e fios de seda, vestimentas de veludo e renda, portando armas e escudos artisticamente trabalhados. Encerrando a primeira parte do cortejo, marchavam besteiros, acompanhados da guarda de arqueiros suíços do Vaticano.

Músicos abriam a segunda parte do desfile, preparando a multidão para as grandes sensações: um elefante (animal que Roma não via desde os tempos do império romano) coberto por um grande tapete oriental, sobre o qual repousava um cofre artisticamente trabalhado, contendo o pontifical que D. Manuel oferecia a Leão X; uma onça domesticada, deitada sobre um cavalo da Pérsia; e dois leopardos, carregados em gaiolas douradas. Não fora possível apresentar o rinoceronte, morto durante a viagem (mas depois empalhado), assim como os carregamentos de pimenta malagueta, cravo, canela e gengibre, caras especiarias transportadas em uma nau que naufragara. Após os animais, ostentando extremo luxo, desfilava o grupo mais proeminente, formado por Tristão da Cunha (o responsável pela embaixada), nobres, prelados e altos funcionários portugueses, assim como por várias autoridades européias, incluindo embaixadores — de Castela, Milão, Lucca, Bolonha, Polônia etc. —, cada qual com seu bispo ao lado, formando pares. Das ruas, janelas e telhados de Roma, ao som de salvas de canhão e de sinos, uma multidão apreciava o desfile. No Castelo de Sant'Angelo, o Papa em pessoa recebeu a embaixada.

No centro da cristandade, em 1514, D. Manuel ostentou luxo e riqueza, apresentando-se ao mundo como o monarca de um império internacional que se estendia do Oriente à América. Cuidadosamente escolhidos, os seres e os objetos exibidos no cortejo evidenciavam o poder e a riqueza do comércio lusitano pelo planeta afora. Os cavalos montados pelos nobres haviam sido trazidos da Arábia; o ouro dos mantos, das roupas e das jóias, de Monomotapa e Sofala, na África oriental, e do Magreb, na África setentrional; a seda das roupas, da China; as pedras preciosas que adornavam as jóias e chapéus, o aljôfar e os brocados vinham da Índia e do Extremo Oriente; o sândalo, para perfumar os corpos, do Timor; o elefante, do Ceilão, e o tapete que o cobria, da Pérsia; as onças e leopardos, conduzidos por um caçador de Ormuz, desde a Ásia; o falecido rinoceronte, do sul da África; as especiarias que naufragaram eram nativas da Guiné (pimenta malagueta), das ilhas Molucas (cravo), da Malásia (gengibre) e do Ceilão e Índia (canela), todas regiões que, em 1514, os portugueses haviam alcançado ou estavam prestes a alcançar por mar.

O início do século XVI caracterizou-se pela extraordinária expansão do comércio, principalmente o de bens supérfluos. Milhares de novos produtos, de vários confins do mundo, transportados em parte pela recente e direta rota aberta e controlada por Portugal no oceano Atlântico até a Ásia, foram expostos ante os olhos extasiados dos europeus, fazendo aumentar entre estes uma vontade incontrolável e urgente de comprar e possuir. Entre a elite européia, os objetos preferidos do desejo eram os tesouros de outras culturas, consideradas exóticas e embebidas em fantasias. Como a indiana, há muito espreitada pela Europa.

Caracterizada pela oferta e consumo exacerbados, a época da Renascença celebrou a riqueza dos novos Estados nacionais europeus e a sofisticação dos gostos dos seus mercadores, nobres, prelados e cortesãos, expressando-os na arte magnífica, na culinária refinada com especiarias, no cosmopolitismo do pensamento e dos costumes, na valorização do conhecimento, no luxo das cortes, no desenvolvimento das ciências, na idéia do ser humano como cidadão do mundo. Na Renascença, arte, imprensa, náutica, cartografia, ciência, filosofia, moda, guerra, técnica, religião, etiqueta e política — unidas ao comércio, às inovadoras formas de produção e às finanças — criaram maneiras novas de compreender o mundo e de nele viver. Portugal teve papel fundamental no desabrochar desse mundo moderno em que, pela primeira vez na história, todos os continentes foram interligados entre si pela força do comércio, uma época simbolizada pelos primeiros globos terrestres — que os europeus gostavam de segurar orgulhosamente entre as mãos, demonstrando que, enfim, compreendiam a extensão do planeta em que viviam. Foi nesse complexo e trepidante cruzamento de rotas e de trocas de pessoas, produtos e experiências que o Brasil foi inserido, na qualidade de colônia portuguesa, a partir de 1500.

Este livro apresenta as principais etapas da história do império português, seguidas de uma exposição resumida de formas de inserção do Brasil nesse império e de uma reflexão sobre o que essa história significa hoje para os brasileiros. Pensa que existem muitas vantagens em perceber o passado colonial brasileiro — e também o presente e o futuro — desde uma perspectiva histórica ampla, capaz de nela incluir o complexo e surpreendente conjunto desse "mundo que o português criou", na expressão do sociólogo Gilberto Freyre. Mundo que o português criou, mas muitos outros povos, ao longo da história, transformaram e recriaram.

Vasto mundo português

O império português, que o Brasil integrou de 1500 a 1822, espalhou-se por todos os continentes ao longo de quase seis séculos. Começou com a conquista de Ceuta, no extremo norte da África, em 1415, terminando apenas com a devolução de Macau à China, em dezembro de 1999. Sobretudo marítimo e comercial, o império constituiu-se rapidamente — em 1517 os portugueses já estavam em Cantão, do outro lado do mundo —, mas também depressa se desfigurou, pois durante o século XVII grande parte das possessões lusas passou para o domínio holandês ou inglês, depois de viver sob controle espanhol durante 60 anos (1580-1640).

A expansão marítima portuguesa resultou principalmente das ações combinadas do Estado (com sua burocracia e seus exércitos), da Igreja e das entidades comerciais, com o objetivo principal de obter lucros. Portugal foi o primeiro Estado moderno europeu a se constituir, ainda no século XII: em 1149 Afonso Henriques deu início à dinastia de Borgonha, declarando-se rei de um território autônomo, separado do de Castela. Restrito, no início, à pequena área entre os rios Minho e Douro — da atual fronteira com a Galícia à cidade do Porto —, graças aos seus exércitos Portugal depressa expandiu o território para o sul, avançando sobre os espaços árabes até incorporar totalmente, em final do século XIII, o reino muçulmano do Algarve, já próximo à África; desde esse período, o país possui quase as mesmas fronteiras de hoje. A partir de 1385, a nova dinastia de Avis consolidou a unificação política, ampliando os exércitos e costurando alianças da Coroa com casas nobres dos territórios lusitanos do sul e com os comerciantes. Ao mesmo tempo, seus reis iniciaram a expansão ultramarina.

Os 45 primeiros anos além-mar (entre 1415 e 1460) contaram com participação vigorosa da Coroa, que nele injetou maciços recursos, pagou exércitos, patrocinou várias viagens marítimas de exploração do Atlântico — inclusive a de Gil Eanes, em 1434, ultrapassando o temido cabo Bojador, então o limite do mundo conhecido pelos europeus, para além do qual só existiam monstros e o terror da imaginação —, construiu as primeiras feitorias no litoral da África ocidental e promoveu a colonização das ilhas atlânticas da Madeira e dos Açores. Nesse período, a Coroa também foi a principal beneficiária dos lucros obtidos com as navegações, especialmente com o comércio de ouro, peles e marfim transportados pelo Saara; com a venda do açúcar que começou a ser produzido na Madeira; e com o comércio de pimenta malagueta e de escravos na região da Guiné, por onde se iniciou a cruel escravização de um continente inteiro, o africano. Antes mesmo de serem levados em massa para o outro lado do Atlântico, os escravos foram transportados para Portugal. A presença deles no país, ainda pouco conhecida, continuou após o início do tráfico para as colônias. No século XVI, havia em Portugal escravos negros levados de Cabo Verde, Guiné e África oriental, muçulmanos do norte da África, índios do Brasil, chineses, japoneses e javaneses; em 1552, existiam em Lisboa cerca de 12 corretores de escravos *e* cavalos, além de 70 mercados especializados na venda de escravos, que eram usados nos piores serviços, como a limpeza das ruas, sujas da imundície doméstica. Os lucros obtidos com todos esses negócios garantiram a Portugal novos investimentos, assegurando a expansão portuguesa além-mar.

Sabe-se hoje em dia que a famosa "Escola de Sagres" — permanente reunião de sábios e navegadores em torno do infante D. Henrique, no promontório de Sagres, ao sul de Portugal, durante a primeira metade do século XV — nunca existiu concretamente, sendo criação da historiografia lusa, sobretudo a dos românticos do século XIX, reforçada no século XX por historiadores ufanistas, principalmente os ligados à ditadura salazarista. Mas a figura do infante piedoso e celibatário continua talvez o melhor símbolo da importância da Coroa no período inicial das viagens marítimas lusas. Filho de rei (D. João I) e parente de outros (D. João II e D. Afonso V), D. Henrique era também mestre e administrador da mais poderosa ordem religiosa e militar portuguesa, a Ordem de Cristo, fundada em 1319 para substituir a extinta Ordem dos Templários, que acumulara grandes riquezas em terras lusas. Foi a enorme concentração de prestígio, poder e dinheiro que permitiu ao infante ser uma espécie de arquiteto inicial das navegações portuguesas. Ele tratou com os pilotos e cartógrafos, armou frotas (cerca de 40% das organizadas até 1460, ano de sua morte), obteve o senhorio das ilhas atlânticas, transportou, em 1443, os primeiros escravos (em número de 235) até Portugal — para o porto de Lagos, no Algarve, onde até hoje está de pé um velho mercado de escravos, testemunha dessa violenta história de seres humanos transformados em mercadorias —, conduzindo a expansão lusa até Serra Leoa, na África ocidental. O infante contraiu ainda enormes dívidas, uma das marcas do império português, assunto a que retornaremos.

Após 1460, a Coroa lusa, que detinha o monopólio das terras e das atividades econômicas, delegou a particulares vários empreendimentos ultramarinos. Dessa época em diante o império foi fruto, sobretudo, da colaboração do Estado com as organizações privadas, embora a concepção e a garantia da política ultramarina, assim como os negócios mais lucrativos, ficassem com a Coroa. Nada ilustra melhor esse Estado mercador que a localização do luxuoso palácio que D. Manuel mandou construir: na boca do rio Tejo, de onde se vê o Atlântico, o oceano singrado pelos navios portugueses, e exatamente sobre a Casa da Índia, o órgão encarregado de receber as mercadorias do grande império e tratar dos seus principais negócios. Ou seja, como qualquer mercador de antigamente, D. Manuel morava no local de trabalho, de onde podia apreciar e vigiar a chegada dos produtos e do seu lucro.

A segunda grande instituição do império luso, a Igreja católica, estabeleceu seu poder em Portugal desde a própria origem do país, criado durante a Guerra de Reconquista, a longa série de sangrentas batalhas travadas pelos cristãos da península ibérica contra os muçulmanos, ali estabelecidos desde o século VIII. A reconquista — que só se encerraria em 1492, quando os reis espanhóis incorporaram Granada — muito contribuiu para transformar a religião católica em um dos principais elementos (se não o principal) da identidade dos reinos ibéricos. "Ser cristão", "ser católico", nos séculos iniciais da história de Portugal, definiu concepções de mundo e comportamentos da população lusitana, vinculou os portugueses a uma certa tradição, estabelecendo, além disso, uma linha divisória clara entre os aliados de Portugal e seus inimigos.

O principal aliado foi a antiga, poderosa, riquíssima e supranacional Santa Sé, de cujas Cruzadas pelo mundo os portugueses participaram, e que mais tarde sustentou de muitas maneiras as pretensões ultramarinas lusas. As bulas papais conferiram a Portugal, entre outras coisas, o direito de comerciar com exclusividade nas terras encontradas além-mar e, em 1493, pela bula *Inter coetera*, praticamente dividiu o mundo entre espanhóis e portugueses. Os inimigos eram os fiéis de todas as outras religiões, no início principalmente os muçulmanos, habitantes da península ibérica, senhores do Magreb (a região norte da África) e ativos no litoral africano oriental. Os mouros (como os portugueses denominavam os muçulmanos) estavam muito fortalecidos desde 1453, devido à conquista nesse ano, pelos turcos otomanos, da estratégica cidade de Constantinopla — cujo nome mudaram para Istambul —, situada no estreito de Bósforo, exatamente entre Europa e Ásia, uma das mais ativas e importantes rotas do comércio mundial e há séculos símbolo do cristianismo. Com o tempo, os portugueses integraram à categoria de inimigos, reais ou potenciais, outros grupos não-católicos, como judeus e ciganos e, já na época do império, também hindus, brâmanes, budistas etc. A intolerância religiosa recrudesceu na Europa durante o século XVI, de um lado porque a Reforma dividiu profundamente os europeus, provocando cruentas guerras de religião entre os católicos e os recém-nascidos protestantes; de outro lado porque a exposição sistemática dos europeus a povos de religiões diversas do cristianismo reforçou nos primeiros as próprias convicções religiosas, entronadas como modelos a serem difundidos pelo mundo, por meio do amor ou da guerra.

Após o início da expansão ultramarina, a Igreja católica participou ativamente da colonização. As ordens religiosas católicas estiveram presentes em todo o império luso, principalmente a dos jesuítas, criada no bojo da Contra-Reforma, da expansão marítima e da colonização e, por isso, voltada sobretudo para a educação formal (a dos próprios clérigos e a das elites católicas) e para a catequese, a conversão de pagãos e infiéis. Presentes da América ao Japão, os jesuítas alcançaram feitos extraordinários — como a conversão ao catolicismo, em poucas décadas, de cerca de 150 mil japoneses, liderada pelo futuro santo Francisco Xavier —, marcando profundamente a história das colônias lusitanas. A participação dos padres e freiras além-mar ligou-se muito à do Estado, apesar das eventuais disputas entre ambos, como ocorreu quando os reis portugueses conseguiram a duras penas arrancar da Santa Sé o direito de padroado, isto é, de nomear os prelados do reino. Por isso, não se pode hoje contar a história das conquistas e colonizações da Coroa lusa, em qualquer lugar do mundo, sem nela incluir as ações, os pensamentos e as articulações da maior instituição católica, assim como as tentativas de seus clérigos (mais ou menos bem-sucedidas, a depender da área), muitas delas violentas, para conformar os mais diversos corpos, mentes e culturas com que entraram em contato a uma mesma e única religião.

Os mercadores constituíram a terceira grande força de um império que ambicionava crescer desmesuradamente. Como expressou no século XVI um concorrente, o navegador e poeta Jean Parmentier, o primeiro francês a pilotar um navio ao Brasil, "embora esse povo [o português] seja o menor de todo o globo, este não lhe parece suficientemente grande para satisfazer à sua cupidez. É preciso que os portugueses tenham bebido da poeira do coração do rei Alexandre para mostrar uma ambição tão desmesurada." Desde que começou a percorrer os litorais da África, Portugal teve no lucro do comércio seu principal alvo. Os trechos da costa africana ocidental alcançados nas viagens iam sendo conhecidos segundo o principal produto que os portugueses ali comerciavam: Costa da Malagueta, do Saara ao cabo das Três Pontas; Costa do Ouro ou da Mina, além de Axim; Costa dos Escravos, da região anterior até Angola; Costa do Marfim, área que hoje corresponde à do país Costa do Marfim, entre Gana e Libéria; e o nome Brasil, proveniente da madeira avermelhada.

A melhor expressão da força do comércio foi o próprio modelo luso de expansão, baseado nas feitorias, postos comerciais construídos ao longo dos litorais, destinados a receber e entregar mercadorias, protegidos por fortalezas. O objetivo fundamental das feitorias, que com o tempo se espalharam por todo o império português — da África à Ásia e ao Brasil —, era o de garantir as atividades comerciais, interferindo nas sociedades locais apenas para assegurar a continuidade dessas atividades. Portugal só se decidiu pela colonização onde e quando esteve à beira de perder largas terras, caso típico do Brasil, que até meados do século XVI não pode ser realmente classificado como pertencendo a Portugal: no imenso território, inexplorado e desconhecido dos europeus, viviam os índios, ainda senhores de si e de sua cultura, sendo o comércio litorâneo do pau-brasil avidamente disputado pelos portugueses e franceses. Portanto, com exceção das ilhas atlânticas (desertas, à época em que foram encontradas), a colonização lusa foi posterior à expansão comercial, o que gerou o seguinte aparente paradoxo: quase todas as áreas fundamentais no início do império não permaneceram portuguesas durante muito tempo, pois não foram colonizadas; ao contrário, as áreas no início menos importantes — porque não pareciam apresentar produtos tão valiosos para o comércio — foram as que mais tempo perteceram a Portugal, transformadas em colônias. Da Índia tão cobiçada restaram apenas Goa, Damão e Diu; do Japão, nada ficou português, e das tantas ilhas do Índico, apenas Timor permaneceu lusa. Em compensação, Angola, Moçambique e Brasil, de menor projeção na fase inicial, tornaram-se com o tempo importantes colônias.

Como primeiro país europeu a alcançar a Índia pelo mar, Portugal inaugurou uma nova rota econômica mundial, quebrando o monopólio da distribuição na Europa dos valorizados produtos orientais, exercido, desde a Idade Média, principalmente por Veneza e Gênova, via Mediterrâneo. A Índia constituía à época um dos mais importantes centros comerciais do planeta, seus numerosos portos — sempre abarrotados de navios, produtos e pessoas de toda a parte — funcionando como portas abertas para o Índico, o mais movimentado dos oceanos. Nos dois litorais da península indiana comerciavam-se mercadorias do Extremo Oriente, como cássia, sedas e porcelana da China, sândalo de Timor, cravo das Molucas, noz-moscada da Banda, além de gengibre, ouro e vários produtos vindos da Malásia, outro grande centro internacional do comércio; mercadorias provenientes do Ceilão, como elefantes, canela, rubis e outras pedras preciosas; produtos nativos da própria Índia, como curcuma, açafrão, cardamomo e pimenta; artigos importados da Arábia, tais como sal, tâmaras, almíscar e cavalos; uma grande quantidade de artigos africanos, em especial o cobiçado ouro do interior; e ainda os produtos europeus, que até a viagem de Vasco da Gama chegavam por terra à Índia.

O comércio e as conquistas, principalmente as da Ásia, foram garantidas pela superioridade náutica e bélica dos navios lusos. As pequenas, ágeis e relativamente estáveis "caravelas de descobrir", que transportaram seus inventores pela África ocidental, não foram apenas as primeiras embarcações capazes de avançar em ziguezague contra o vento. Foram também as primeiras a carregar artilharia pesada, facilitando os desembarques portugueses nos litorais africanos, tanto nos pertencentes aos muçulmanos do norte, muito bem armados, quanto nos habitados por povos negros animistas, no sul. Os grandes e pesados galeões e naus que conduziram os lusitanos até a Ásia foram navios de carga, mas, sobretudo, de guerra, com capacidade para levar até 40 peças de artilharia, a metade delas de grosso calibre. Enquanto controlou os oceanos pelas armas, Portugal dominou o comércio mundial.

Da península indiana os portugueses seguiram as rotas do comércio oriental, apoderando-se de pontos cruciais do Índico e alcançando, em poucos anos, importantes centros produtores e consumidores, tanto os situados a oeste da Índia — como Ormuz (à entrada do golfo Pérsico), Aden (na península arábica, com controle sobre o mar Vermelho) e Cota (no Ceilão, atual Sri-Lanka), sem esquecer Moçambique, na costa oriental africana — quanto os localizados a leste da Índia, de Malaca ao Japão (atingido em 1543), passando entre outros por Sumatra, Flores, Timor, Banda, Molucas e Macau. O imenso "Estado da Índia", que incluía todas as possessões na Ásia e na África oriental, constituído pelo determinado e cruel Afonso de Albuquerque — não por acaso denominado "O Terríbil", na grafia dos antigos documentos portugueses —, representou a principal fonte a alimentar a fase de maior esplendor do império português, ocorrido de 1498-99 a 1580.

Os produtos trocados entre os continentes a partir das grandes navegações foram numerosíssimos, variando de acordo também com a época, de forma que seria impossível tentar relacioná-los aqui. Apenas como exemplo, lembramos que certos alimentos nativos da América, embora no início fossem rejeitados, com o tempo tornaram-se a base das dietas de outros países e povos, como foi o caso da batata, base de pratos na Inglaterra, Alemanha, Hungria, Irlanda (de onde foi levada de volta ao continente americano pelos numerosos imigrantes irlandeses que no século XIX se dirigiram aos Estados Unidos). Foi o caso também do tomate, transportado da América para a Europa, sendo hoje impossível sequer imaginar um suculento molho italiano sem o *pomodoro*; da mandioca, ingrediente principal de um grande número de pratos africanos, e do cacau, matéria-prima do chocolate, produto ingerido, em forma líquida ou sólida, em todo o mundo. Da mesma forma, produtos asiáticos (várias especiarias e frutas, cana-de-açúcar, arroz, chá...) e africanos (inhame, quiabo, pimenta malagueta, trigo...) propalaram-se pelo planeta.

Duas forças aparentemente opostas atuavam sobre as relações econômicas do império português. De um lado, o monopólio, o exclusivismo comercial, exercido com mão-de-ferro pelos reis sobre a economia de todo o império; eventualmente, quando lhe interessava, a Coroa cedia a particulares, por algum tempo, o monopólio do comércio de algum produto, em determinada região. O monopólio complementava-se pelo pacto colonial, a obrigação de uma colônia de vender seus produtos somente para a metrópole e de comprar dela todas as mercadorias de que necessitava. Praticado por todas as metrópoles européias da época, o monopólio e o pacto colonial procuravam garantir os maiores lucros para o Estado e os comerciantes metropolitanos, impedindo que a concorrência — externa ou interna — se instalasse dentro de um mesmo império colonial. Assim como os pesados impostos cobrados pelas metrópoles, o sistema de monopólio trouxe grandes prejuízos para a produção e o comércio das colônias.

Esse modelo idealizado, porém, funcionou na prática de modo um pouco diverso. Os sistemas coloniais não se formaram todos ao mesmo tempo, de modo que os mais tardios assaltaram os impérios constituídos, como o português, por muitos meios (pirataria, guerras de conquista, alianças com os nativos etc.), a fim de obter sua fatia de lucro e poder. Além disso, muitos naturais de cada império, nascidos tanto na metrópole quanto nas colônias, contrabandeavam e comerciavam com estrangeiros. Tudo isso abriu brechas no sistema de monopólio, que se pretendia inexpugnável. Por outro lado, nenhuma metrópole conseguia controlar sozinha todos os ramos do seu próprio império, situação verdadeira sobretudo para os impérios pioneiros, como o português. As Coroas e seus comerciantes necessitaram, desde cedo, associar-se a negociantes de outras nações, prontos a participar das navegações e do rico comércio colonial.

No caso português, as associações com estrangeiros são mais antigas do que em geral se supõe, pois antecederam a expansão ultramarina. A sociedade dos lusitanos com capitais e navegantes da península itálica, por exemplo, estabeleceu-se com regularidade desde, pelo menos, meados do século XIII, quando Lisboa se tornou porto costumeiro nas rotas de viagem e comércio de florentinos, genoveses, napolitanos, cremonenses etc., muitos deles estabelecidos no reino luso. Quando Portugal iniciou a expansão marítima, muitos "italianos" pilotaram os navios lusitanos ou integraram as tripulações — transmitindo uma importante e tradicional experiência náutica no Mediterrâneo, enquanto adquiriam os conhecimentos novos da navegação atlântica —, da mesma forma que muitos também se dedicaram aos negócios e à administração lusa além-mar. Basta lembrar aqui, a título de exemplo, o veneziano Cadamosto, que explorou para D. Henrique a costa ocidental africana. A associação luso-italiana prosseguiu nas fases posteriores da expansão, como o comprovam Américo Vespúcio, que por duas vezes pilotou navios de Portugal para o Brasil, e o negociante Bartolomeu Marchionni, considerado no século XVI o homem mais rico de Lisboa, co-proprietário do *Anunziata*, um dos navios da esquadra de Cabral, e dono de rendosos negócios na Índia portuguesa, inclusive de uma feitoria. Portanto, embora a rota atlântica inaugurada por Portugal concorresse no comércio asiático com as antigas rotas das cidades-Estado italianas — provocando, a médio prazo, a decadência de Veneza e Gênova —, houve também uma intensa colaboração entre a Coroa e comerciantes lusos, de um lado, e determinados homens de negócio e casas comerciais italianos, de outro, que estavam longe de constituir um bloco unitário.

A associação dos lusitanos não se restringiu aos "italianos", estendendo-se a outras nacionalidades. Por haver recebido grande número de colonos provenientes das atuais Holanda e Bélgica a partir de 1450, os Açores ficaram conhecidos como "ilhas flamengas". A distribuição dos produtos portugueses na Europa — principalmente em Antuérpia — sempre esteve a cargo de outros europeus. A montagem dos engenhos de açúcar no Brasil deu-se com capital holandês. Desde que começou, o tráfico de escravos foi transnacional. Muitos cristãos-novos e judeus, alguns deles naturais da Espanha, França e Países Baixos, estiveram presentes nos negócios lusos com o norte da África, o Brasil e partes da Ásia. A partir do século XVIII, os ingleses controlaram a economia do reino e de muitas colônias portuguesas.

O domínio da Espanha sobre Portugal — eufemisticamente denominado, em muitos livros, de "União Ibérica" —, entre 1580 e 1640, é apontado pela historiografia tradicional como a principal causa da decadência do império lusitano. De fato, nesse período a esquadra naval lusa enfraqueceu-se muito, os recursos financeiros minguaram e várias possessões portuguesas foram duramente atacadas pela Holanda. Esta encontrava-se independente da Espanha desde 1581, possuía ricos comerciantes — parte dos quais, judeus expulsos da península ibérica —, experiência comercial e financeira na região de Flandres, especialmente na cidade de Antuérpia, e uma frota mais moderna do que a portuguesa. Durante o século XVII, os holandeses atacaram as possessões ibéricas ao mesmo tempo, em várias regiões — Brasil, Angola, ilhas do Índico etc. —, em busca de riquezas como as especiarias asiáticas, a prata americana e japonesa, o ouro e os escravos africanos e o açúcar brasileiro. Conforme afirmou o historiador indiano Alan K. Pannikar, "a guerra hispano-lusitana contra os holandeses travada nos quatro continentes, em sete mares, merece ser chamada de Primeira Guerra Mundial, mais do que a guerra de 1914-1918." Aos poucos, Portugal reconquistou dos holandeses territórios do Brasil e de Angola, além das ilhas de São Tomé e Príncipe, porém nunca mais retomou o controle de localidades asiáticas importantes — como Ormuz, Molucas, Malaca, Ceilão e Cochim —, nem da navegação no Índico. Portugal jamais recuperou o poder e a riqueza anteriores.

A historiografia mais recente — com a qual concordamos —, embora reconheça que o domínio da Espanha acelerou os problemas do império português, considera que estes se iniciaram bem antes de 1580 e apresentaram causas múltiplas, inclusive conflitos de interesses dentro do reino. O próprio domínio espanhol só ocorreu porque boa parte da alta nobreza lusa apoiou as pretensões de Filipe II ao trono português. O fato chama a atenção para o descontentamento dessa nobreza em relação a aspectos da expansão marítima e revela as divisões sociais do país. A alta nobreza lusa participou das conquistas, especialmente daquelas da primeira fase (tomada de Ceuta e outros territórios hoje no Marrocos), que misturara objetivos comerciais com fortes ideais medievais de defesa da honra e do cristianismo, herdados da tradição cavaleirística e das Cruzadas. À medida, porém, que a expansão marítima prosseguiu, a alta nobreza ressentiu-se de seu caráter cada vez mais mercantil, em especial da gigantesca soma de gente e recursos que a manutenção do império passou a exigir do Estado. Embora recebesse benefícios da expansão ultramarina — como os altos cargos na corte —, a alta nobreza percebia que os interesses ligados à terra, os quais constituíam o centro e a razão da sua própria existência, deixavam de merecer a atenção da Coroa, totalmente absorvida pelos interesses mercantis. Além disso, assistia, desgostosa, à ascensão social de comerciantes e de médios e pequenos nobres, propiciada pelos serviços prestados além-mar, onde os membros das casas mais tradicionais — que se autoproclamavam com orgulho "mais antigas que o próprio Portugal" — não punham, é claro, os pés.

Ao descontentamento da antiga nobreza somava-se o de setores populares, tanto os ligados ao campo, que sofriam em decorrência das crises na agricultura, quanto os urbanos. Esses, embora encontrassem no ultramar algumas possibilidades de ascensão inexistentes no reino — nas colônias integravam uma minoria branca necessária à Coroa e, portanto, privilegiada por esta —, eram também os que pagavam o preço mais alto da expansão ultramarina. Formavam os contingentes de marinheiros, soldados, degredados etc. que tantas vezes perderam sonhos e vidas em mares e terras remotos. Já os comerciantes competiam ferozmente entre si, para obter do rei o direito de negociar certos produtos com exclusividade ou em determinadas regiões do império — privilégios que, no rígido sistema de monopólio então vigente, deviam necessariamente ser concedidos pela Coroa. Os comerciantes, o setor social mais lucrativo para a Coroa, pagavam impostos muito pesados — destinados, em parte, a sustentar o luxo da Corte e da parasitária nobreza — e se ressentiam de não poder ocupar os cargos burocráticos mais elevados, reservados à alta nobreza e ao alto clero. O Estado nacional português, que administrava e equilibrava interesses sociais muito diversos, vários deles opostos entre si, enfraquecia-se devido às disputas internas, às vezes tão intensas que favoreciam intervenções externas, como aconteceu em 1580, quando da anexação à Espanha.

Pioneiro na expansão marítima, Portugal logo atraiu diversos concorrentes sedentos dos fabulosos lucros das rotas comerciais. Desde o século XV, corsários e piratas de várias nacionalidades e religiões atacavam os navios portugueses (que também praticavam a pirataria) para tomar-lhes as ricas presas, prática que se tornou comum à medida que os lusitanos avançavam pelos oceanos, abarrotando seus navios de especiarias, ouro e escravos. Aos ataques no mar, somaram-se os em terra. A Holanda — dotada de ótimos navios, experiência comercial e financeira, rico setor mercantil, organizada além-mar em duas companhias (a Companhia das Índias Orientais, fundada em 1602, e a Companhia das Índias Ocidentais, em 1621), administrada por um governo moderno — foi a primeira a lançar-se com avidez sobre as possessões portuguesas, abocanhando muitas delas e substituindo os lusitanos em várias partes do mundo, conforme mencionado. Mas, se foram os primeiros a fazê-lo de forma regular, os holandeses estiveram longe de ser os únicos a atacar o império luso. Desde o século XVI, os franceses, que formavam então seu próprio império colonial, e, após 1640, também os espanhóis investiram duramente contra as possessões portuguesas. Basta lembrar a presença francesa no Brasil desde o início do século XVI, com a permanência de dois anos no Rio de Janeiro (1555-57) — quando os franceses fundaram a França Antártica, sob o comando de Nicolau de Villegaignon — e de três anos (1612-15) no Maranhão. Em 1710, chefiados por Jean Duclerc, estiveram novamente no Rio. E até o ano de 1900 a França reclamou para si o território do Amapá.

Às ações dos europeus contra Portugal acrescentaram-se as dos povos nativos, pois muitos deles tentaram, e às vezes conseguiram, expulsar de suas terras os portugueses. Foi o caso, entre outros, dos etíopes, que expeliram os religiosos lusitanos em 1630; dos persas, que retomaram Ormuz em 1622; dos japoneses, que perseguiram os clérigos católicos e, em 1639, proibiram a presença de lusos em seu território; e de vários povos muçulmanos, que durante o século XVII recuperaram a maioria dos locais ocupados pelos portugueses nos litorais africanos, do Marrocos à África oriental. De tudo isto resultou que, no final do século XVII, o colossal império português original — que muitos consideram o maior jamais construído, até 1580 —, tão depressa formado, já estava mutíssimo reduzido. Parafraseando uma metáfora cara aos teóricos do absolutismo, que gostavam de descrever e desenhar as nações como se fossem corpos humanos, sendo os reis as suas cabeças, podemos dizer que, no caso português, foi imensa a desproporção entre a pequena cabeça do império — o diminuto reino de limitados recursos e com apenas um milhão de habitantes, no século XVI — e o corpo gigantesco das conquistas e colônias.

Outro sério problema que o Estado português enfrentou desde o início do século XV (problema comum também à Espanha e a alguns outros países europeus) foram as dívidas. Nenhum rei português possuía suficiente capital acumulado para custear as enormes despesas das viagens, conquistas e colonizações em ultramar. O infante D. Henrique, depois de gastar as próprias riquezas, obtidas do pai rei, do irmão rei e do sobrinho rei, e de consumir as rendas da Ordem de Cristo na conquista dos mares do Atlântico, morreu devendo muito. Em 1441, 26 anos após a conquista de Ceuta — este "sumidouro de gente, de armas e de dinheiro", nas palavras do infante D. Pedro —, os credores da cidade do Porto ainda cobravam da Coroa os empréstimos em dinheiro, armas e mantimentos feitos para a organização de expedições lusas à África. Com o passar do tempo as dívidas dos reis cresceram, em parte por causa do aumento das despesas no ultramar, excessivas desde que os lucros começaram a diminuir, com a perda de possessões e do monopólio comercial com o Oriente. Outro fator que contribuiu para o aumento da dívida foi o extremo luxo da corte portuguesa a partir do início do reinado de D. Manuel (1495-1521), drenando somas formidáveis para atividades improdutivas como a construção de palácios, o sustento dos cortesãos e os privilégios eclesiásticos. D. Manuel — em cujo reinado Portugal alcançou a Índia, o Brasil, as Molucas, Timor, a China etc., atingindo o apogeu —, rei que herdara dívidas de outros monarcas, deixou ao morrer dívidas ainda maiores, tendo até de entregar, em testamento, jóias e outros bens móveis!

Para compensar as dívidas, o Estado português cobrava impostos altíssimos de seus súditos, principalmente dos habitantes das colônias, cujos produtos eram taxados várias vezes. Sendo esses impostos insuficientes para os gastos, contraía novos empréstimos no exterior, principalmente em Flandres, principal ponto de comercialização das especiarias portuguesas trazidas da Índia. Por fim, a Coroa lusa tornou-se completamente dependente de um poderoso círculo de grandes banqueiros, comerciantes e investidores internacionais, como as empresas dos Fugger, dos Welser, dos Hochstatter e dos Imhof, de língua alemã, ou dos Marchionni e dos Affaitadi, de língua italiana. Essas e outras poderosas famílias européias possuíam filiais de suas companhias espalhadas pelo mundo, participando ativamente de diferentes ramos de negócios e neles acumulando fortunas imensas. A partir do século XVII, essas famílias já eram credoras de boa parte das Coroas européias, o que lhes conferia enorme influência política, a qual, por sua vez, reforçava-lhes os negócios: "um rei manda em um país, mas Jacob Fugger, que manda nos reis, manda em muitos países", costumava-se dizer na Europa seiscentista. Mesmo assim, os reis levaram alguns comerciantes à falência ou concordata, como ocorreu com as firmas dos Welser, dos Hochstetter e dos Affaitadi; os Fugger saíram profundamente prejudicados e onerados de hipotecas, devido a dívidas não pagas pelos reis portugueses.

Fruto da época histórica que o criou, o império português formou-se muito depressa, com base na dianteira de Portugal nos mares e em sua capacidade de combinar diversas táticas, das guerras às alianças, das feitorias-fortalezas à colonização, da catequese aos tratados, segundo as características de cada novo local e povo encontrado. Núcleo e razão de ser do império, o comércio gerou lucros fabulosos nas primeiras décadas, tornando Portugal uma das nações mais ricas do mundo e sua capital, Lisboa, um centro cosmopolita procurado por mercadores, navegadores, intelectuais, cartógrafos e homens de negócio de variadas nacionalidades. A circulação de mercadorias absorveu toda a atenção da Coroa — dotada de pequena acumulação original de capital, mas perdulária, além de dividida entre interesses sociais diversos —, em um reino de poucos recursos, humanos e naturais. Fascinados com a súbita riqueza que chegava dos mares, os reis lusitanos, ansiosos por desfrutar dos lucros, comportavam-se como se o império fosse eterno. Viviam primordialmente da diferença entre o preço de compra e o de venda das mercadorias — ou de vendas de futuras mercadorias —, não se preocupando em aplicar recursos em atividades produtivas nem em modernizar coisa alguma, fossem navios (a frota lusa logo ficou sucateada), exércitos, modos de operar as finanças e de fazer o Estado funcionar. Este transformou-se de gerente da expansão ultramarina em empregador de milhares de pessoas, muitas delas inexperientes. No interior do governo constituiu-se pesada e cara burocracia, e a corrupção se tornou costumeira. Muitos funcionários participavam do governo com o principal objetivo de tomar para si algumas das muitas riquezas circulantes, objetivo não difícil de alcançar, dado o gigantismo do Estado e o emaranhado de leis, cargos e medidas que o caracterizava. Conforme resumiu um clássico:

> A corte era verdadeiramente uma grande casa de negócio, e a geral aspiração consistia em haver parte, maior ou menor, nos lucros da Índia. A pimenta que trariam as naus, o preço por que havia de vender-se em Flandres, com que novas conquistas poderia a área das transações, era o em que os governantes punham o pensamento, e os cortesãos sequiosos a esperança. Das altas esferas a idéia obsessora comunicou-se à nação inteira, produzindo aquele estado de ilusão coletiva a que chamam "fumos da Índia". Designação justa, porque seu objeto do fumo tinha a inconsistência e dele veio a ter a duração efêmera.

Menos do que limitações pessoais dos reis, contudo, as atitudes da Coroa lusitana expressaram as condições sociais, econômicas e culturais de Portugal à época e um tipo de mentalidade predominante naquele período histórico, o do início dos tempos modernos e da constituição do primeiro império colonial da modernidade.

Com o surgimento de novos impérios coloniais, mais organizados e racionais — o holandês, o inglês (em grande parte herdeiro das conquistas holandesas) e o francês —, a política européia ganhou outras configurações. Houve tendência, especialmente nos séculos XVIII e XIX, à polarização entre Inglaterra e França, que se tornaram as duas principais potências européias, por terem sido os primeiros países a fazer a revolução industrial e a ingressar no capitalismo liberal. Portugal, desprovido de grande parte de suas conquistas, passou a gravitar em torno da Inglaterra, assinando com este país uma série de tratados muito desvantajosos para os interesses lusitanos. O primeiro deles, em 1642, garantiu à Inglaterra tratamento de nação mais favorecida economicamente e tolerância religiosa para os cidadãos ingleses, que, caso infringissem as leis em Portugal, seriam julgados não por um juiz português, mas pelo cônsul inglês em Lisboa. Outro tratado, assinado em 1654, confirmou e reforçou as cláusulas do anterior, garantindo ainda aos ingleses o mesmo tratamento comercial conferido aos súditos portugueses no comércio com o Brasil e com a África ocidental. Em 1661, Portugal pagou um preço altíssimo pelo casamento da princesa Catarina de Bragança com o rei inglês Carlos II. Ofereceu dote de dois milhões de

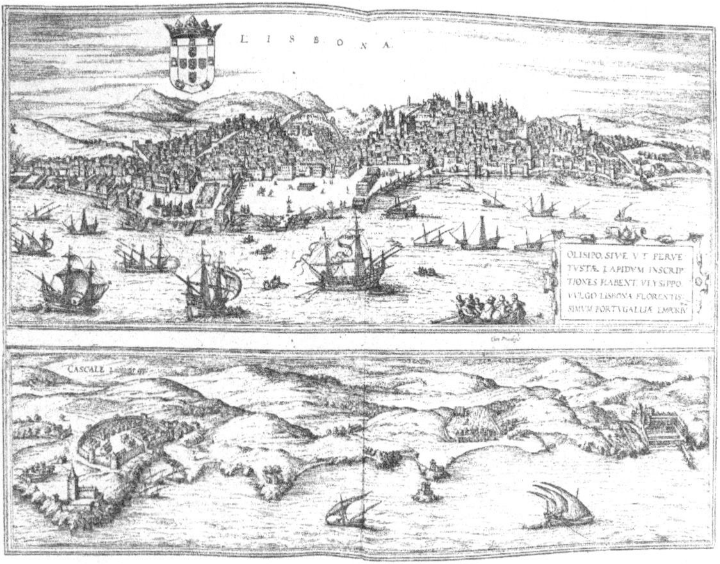

1. Cidade de Lisboa, à beira do rio Tejo, de onde saíram os navios para a expansão marítima portuguesa. Na parte inferior, Cascais, Tejo e Bélem.

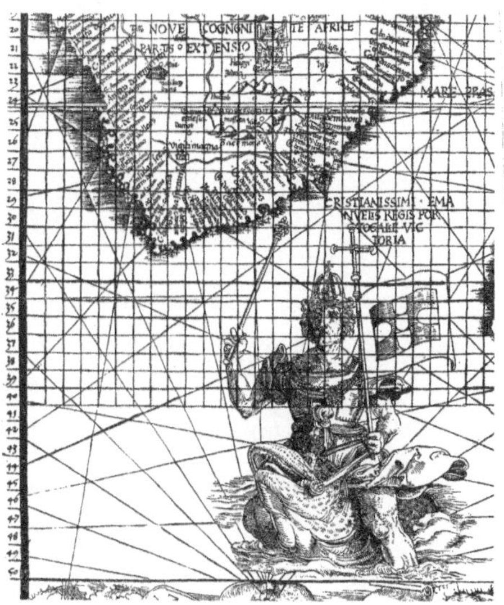

2. Dom Manuel cavalga vitorioso um golfinho na extremidade sul-africana depois de Portugal ter descoberto e dominado o caminho para as Índias. Detalhe de mapa de Martin Waldsmüller, 1507. Reprodução de uma cópia existente na Antuérpia.

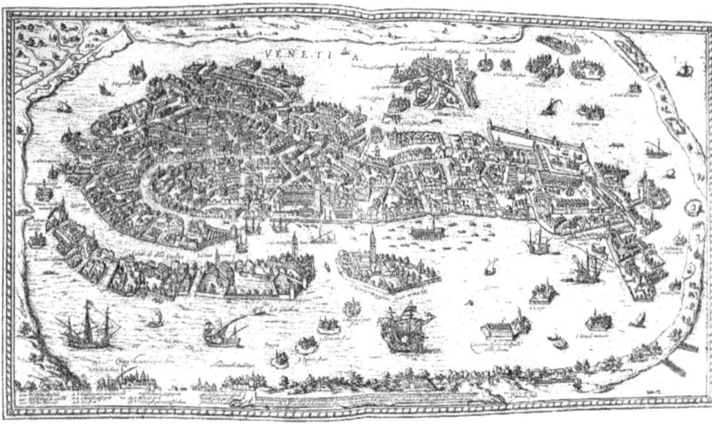

3. Veneza, uma das cidades que foi prejudicada pelo comércio entre Portugal e Índia depois da descoberta da rota marítima para a Ásia.

4. Alexandria, importante empório distribuidor de especiarias e outros produtos asiáticos para Europa, também foi prejudicada pela rota marítima descoberta pelos portugueses.

5. Cidade de Calicut, na Índia, importante empório de especiarias e por muito tempo grande inimiga de Portugal.

6. Mineração do ouro no Brasil, responsável por 60% do ouro extraído da América entre 1492 e 1810. Gravura de Rugendas.

7. Plantação de chá de cerca de 6.000 pés no Jardim Botânico, perto da atual lagoa Rodrigo de Freitas, no Rio de Janeiro, organizada pelos chineses sob os auspícios do conde de Linhares. Gravura de Rugendas.

8. O fumo brasileiro tornou-se importante objeto de exportação no séc. XVI, ao lado do açúcar. Gravura de André Thevet.

coroas, garantiu o comércio inglês na Índia oriental contra os holandeses, cedeu para sempre Bombaim à Inglaterra e permitiu que os comerciantes britânicos residissem em todos os locais da Índia portuguesa, e ainda em Pernambuco, na Bahia e no Rio de Janeiro. Esses dois tratados tornaram Portugal, na prática, um vassalo econômico da Inglaterra.

Outro famoso tratado, assinado em 1703, o de Methuen, manteve todas as vantagens anteriores, adicionando novos privilégios comerciais aos ingleses. O açúcar do Brasil, então mais barato que o fabricado nas colônias britânicas, e o único produto do império português comerciado em grande quantidade para a Inglaterra, foi praticamente barrado neste país, devido às altíssimas taxas de entrada. Já os têxteis ingleses continuaram a entrar em Portugal com grande facilidade, graças aos privilégios alfandegários que lhes foram concedidos; entre outras conseqüências, isto fez atrasar muito o surgimento de uma indústria portuguesa, que não conseguia competir com os bons e baratos produtos industriais ingleses no país. Para compensar a balança comercial altamente desfavorável, Portugal drenou diretamente para a Inglaterra grande parte do ouro brasileiro explorado no século XVIII. O restante desse ouro e os diamantes do Brasil permitiram que a Coroa lusitana recriasse alguns dos faustos de outrora, como atestam os magníficos palácio e igreja de

Mafra, inteiramente construídos graças aos metais preciosos do Brasil.

Durante as guerras napoleônicas, a aliança com os ingleses obrigou Portugal a grandes mudanças. Em novembro de 1807, enquanto as tropas francesas entravam em Lisboa, D. João VI e toda a sua corte escaparam de Portugal, sob a pressão britânica, embarcando para uma travessia de 54 dias pelo oceano Atlântico, protegida pela marinha inglesa, a fim de refugiar-se no Rio de Janeiro. Apenas cinco dias após haver chegado à Bahia, D. João declarou abertos os portos brasileiros às "nações amigas" — leia-se Inglaterra —, rompendo assim uma política de 300 anos de monopólio comercial da metrópole sobre suas colônias. Dois anos depois, em 1810, Portugal assinou com a Inglaterra mais três tratados que, entre numerosos privilégios no Brasil, concedeu aos ingleses o direito de pagar apenas 15% de taxas alfandegárias de entrada — porcentagem inferior aos 16% pagos pelos próprios portugueses! Importantes gêneros produzidos no Brasil, como o açúcar, o tabaco e o café, além de todos os outros produtos similares aos provenientes das colônias britânicas, foram proibidos de entrar nos mercados ingleses. Assim, a pesada dependência econômica de Portugal para com a Inglaterra transferiu-se para o Brasil. E foi duradoura: somente em 1926 as exportações norte-americanas para nosso país suplantaram as inglesas.

Portugal não fizera a sua revolução industrial, apesar dos esforços modernizadores do Marquês de Pombal, ministro todo poderoso do rei D. José I (1750-77). O país manteve basicamente as técnicas, o modo de praticar a economia, a organização social e a mentalidade próprias do período histórico precedente, o do início da expansão marítima e da colonização européia. Ao perder, em 1822, o Brasil, então sua principal colônia, Portugal passou a vivenciar um prolongado período de profunda letargia econômica, do qual só deu os primeiros sinais de recuperação quase 200 anos mais tarde, no final do século XX, após ingressar na Comunidade Européia.

Durante todo o século XIX, a maior preocupação dos portugueses esteve relacionada à própria sobrevivência, ameaçada por guerras, externas e internas. A passagem da monarquia absoluta à monarquia constitucional — após a revolução do Porto (1820), que obrigou D. João VI a retornar a Lisboa e a jurar obedecer à Constituição — foi marcada pela guerra civil. A facção absolutista foi liderada por D. Miguel, um dos filhos de D. João VI, que tentou dar um golpe de Estado, e a constitucionalista pelo filho mais velho do rei, D. Pedro I (imperador do Brasil e sucessor legítimo do pai), o qual se tornou imperador de Portugal com o nome de D. Pedro IV, deixando a filha Maria da Glória como sucessora no trono luso. Os monarcas lusitanos sucederam-se até 1910, quando cessou a monarquia, transmitindo ao país uma pesada herança de dívidas econômicas e sociais (80% do povo lusitano eram então analfabetos) e, no império que restava, colônias empobrecidas por séculos de espoliação.

O Portugal republicano conheceu contínuas crises políticas e econômicas. Em maio de 1926 ocorreu um golpe de Estado, que dois anos depois se concretizou em uma ditadura que durou 40 anos (1928-68), tendo como principal figura o todo-poderoso Antônio de Oliveira Salazar. Na década de 1960, várias colônias portuguesas se revoltaram, iniciando uma dura guerra de libertação contra o domínio português, principalmente em Angola e Guiné; em 1961, tropas da Índia atacaram e tomaram Goa, Diu e Damão.

A influência do salazarismo só se encerrou em Portugal em 1974, quando um movimento chefiado por militares e apoiado por civis, conhecido como Revolução dos Cravos, depôs o último governo ligado ao ex-ditador, morto em 1970. Em 1975, Portugal abandonou Angola, Guiné, São Tomé e Príncipe, Moçambique e Cabo Verde, que se tornaram independentes; Timor Leste, largado de repente à própria sorte, foi invadido pela Indonésia, só conseguindo se libertar em 1999, devido à intervenção de organismos internacionais. Do vasto império português restou apenas a pequenina Macau, devolvida aos chineses em dezembro de 1999.

No meio do mundo

Ao longo dos mais de 300 anos (1500-1822) em que esteve sob domínio português, a posição do Brasil dentro do império modificou-se muitas vezes, dependendo de acontecimentos ocorridos dentro do país, em Portugal, no império português e em várias outras regiões do planeta, pois no século XV as grandes navegações oceânicas iniciaram o processo histórico de entrelaçamento mundial atualmente chamado de "globalização". Hoje a globalização é um processo amadurecido, caracterizado pela existência de empresas multinacionais e tecnologias sofisticadas, como a eletrônica e a espacial, capazes de suplantar distâncias e encurtar o tempo. Mas o cerne desse processo — os contatos entre si dos vários continentes — foi construído à época das grandes navegações e dos primeiros impérios coloniais modernos. Para melhor compreender os diversos papéis do Brasil no império português, portanto, é preciso atentar para as extensas redes de trocas e conexões em que o país se enquadrou até 1822.

Habitada por diversos povos indígenas, a terra americana que mais tarde se chamaria Brasil começou a integrar-se às rotas das navegações oceânicas européias antes mesmo da chegada dos portugueses. Nos anos anteriores a 1500, foi rondada por navegantes da Europa — como os espanhóis Alonso de Ojeda e Juan de la Cosa, o florentino Américo Vespúcio e o português Duarte Pacheco Pereira —, sendo possível, porém não comprovado, que um deles tenha chegado onde hoje é o Brasil. Quem em janeiro de 1500 alcançou com certeza litoral hoje brasileiro — provavelmente o atual cabo de Santo Agostinho, em Pernambuco — foi o navegador espanhol Vicente Yañez Pinzón, que já havia estado antes na América como piloto do *Niña*, navio da esquadra de Colombo.

Se as viagens pré-cabralinas já apontavam para as conexões entre o futuro Brasil e a expansão ultramarina européia, o desembarque dos portugueses na terra, em 1500, reforçou tal tendência, marcando o ingresso do país na esfera mundial. A chegada de Cabral à América ocorreu durante a primeira etapa de uma longa expedição oceânica, levada a efeito pela "mais formosa e poderosa armada" (palavras do cronista João de Barros) jamais construída em Portugal, a qual durou ao todo um ano e três meses, percorreu vários pontos do litoral da África ocidental e oriental e teve como destino final a Índia, que Vasco da Gama atingira no ano anterior, mas cujo comércio não garantira para Lisboa. Nos anos posteriores a 1500, o Brasil constituiu-se em escala dos navios portugueses com destino à Ásia. Na América, essas embarcações "faziam a aguada" ou "tomavam refresco", isto é, permaneciam ancoradas durante algum tempo, para abastecimento de água, lenha e mantimentos, conserto, tratamento de doentes e descanso da tripulação. Afonso de Albuquerque, em sua primeira viagem à Ásia, onde mais tarde arquitetaria as bases do império português no Oriente, conheceu o Brasil durante alguns dias, em 1503, sendo seguido por outros viajantes.

O Brasil demorou a tornar-se português, conforme já observado, em parte porque os índios o dominavam de fato — a presença lusitana restringindo-se a pequenos pontos isolados na costa —, em parte porque Portugal, concentrado nos "fumos da Índia", não se interessou inicialmente em explorá-la. Nas primeiras décadas do século XVI, Lisboa cedeu o monopólio da extração da riqueza da terra, o pau-brasil, a um grupo de particulares cristãos-novos. Nesse período, limitou-se a enviar ao país quatro expedições exploradoras, seguidas, em 1530, da missão "colonizadora" chefiada por Martim Afonso de Souza. A partir de março de 1534 a Coroa tentou transplantar para o imenso território americano as capitanias hereditárias, sistema de administração adotado na pequena ilha da Madeira; não obteve sucesso, com exceção das capitanias de Pernambuco e São Vicente, onde alguma colonização efetiva foi iniciada.

Nas primeiras décadas do século XVI, comerciantes, aventureiros e piratas de várias nacionalidades — personagens eles também das viagens oceânicas — visitaram com freqüência a terra brasileira. Buscavam sobretudo extrair a madeira que servia para a tintura cor de brasa. Para isso, obtinham com facilidade a colaboração dos índios, dispostos a tirar alguma vantagem das rivalidades que percebiam existir entre os brancos e, além disso, amedrontados com os contatos com os portugueses — que se tornavam cada vez mais violentos — e suas terríveis conseqüências. Em 1570 já estava extinto o primeiro grupo indígena contactado por Cabral, em Porto Seguro, os Tupiniquim, devido às doenças resultantes do contato e aos maus tratos. Os estrangeiros interessavam-se ainda por outras riquezas, como as magníficas aves coloridas capazes de falar que tanto os encantavam, presenteadas a reis e negociadas na Europa por altos preços. Essas aves foram responsáveis também por uma das primeiras designações do país, *Terra dei Papagalli*, por si só uma comprovação do interesse dos italianos pela terra.

Nas primeiras décadas do século XVI, caracterizadas pelo baixo nível de controle da Coroa sobre a terra, muitos cidadãos portugueses nela se instalaram, alguns por vontade própria, outros forçados. A expedição de Cabral inaugurou ambas as práticas: abandonou no litoral dois degredados, para que aprendessem o idioma e os costumes locais e, caso sobrevivessem, servissem de guias e intérpretes às próximas frotas portuguesas que ali aportassem; e, quando a expedição partia, dois grumetes jogaram-se na água, escapando a nado para a terra, seduzidos talvez pela natureza, pelas índias ou — quem jamais saberá? — pela antevisão da liberdade.

A presença de degredados no Brasil, enviados de Portugal e de outros espaços lusos, foi expressiva durante todo o período colonial. Condenados às vezes por crimes insignificantes, como furtar um pedaço de pão para saciar a fome, esses homens e mulheres no Brasil foram colonizadores, povoadores, funcionários da Coroa, soldados, artesãos, agricultores etc. Ao chegar à América, trouxeram suas idéias, modos de vida, cultura, desde a Europa, África ou Ásia. Muitos retornaram aos países de origem, após o cumprimento ou o perdão da pena, disseminando o que o Brasil lhes ensinara. Tornaram-se intermediários culturais nos espaços lusos, mesmo papel exercido pelos portugueses que voluntariamente vieram a dar com os costados no Brasil, no início do século XVI, aqui vivendo entre os índios e se tornando culturalmente híbridos — casos de Caramuru, João Ramalho e do bacharel de Cananéia. Apesar do controle crescente da Coroa sobre a circulação de pessoas no império, nos séculos seguintes muitos outros portugueses seguiram o exemplo daqueles primeiros. Foram brancos que viveram à maneira dos índios nos sertões e matas, encontrados pelos portugueses às vezes décadas depois. De africanos, europeus, asiáticos e indígenas, gente de diferentes culturas que transitava entre muitos lugares, formou-se a população brasileira.

Apenas quando os negócios da Índia tendiam já ao declínio começou a colonização do Brasil. Em 1549 chegaram ao país o governador-geral e os jesuítas e, na década seguinte, as plantações de tabaco e de cana-de-açúcar no litoral começaram a dar os primeiros sinais de sucesso. O Brasil logo se tornaria o maior produtor mundial de açúcar, mercadoria rara e cara na Europa. O tabaco brasileiro destinou-se sobretudo ao mercado da África, onde era trocado por escravos (o tráfico negreiro tornando-se, com o tempo, o mais rendoso negócio colonial), embarcados à força para trabalhar nos canaviais brasileiros. A venda do açúcar brasileiro rendia lucros aos senhores de engenho e de escravos. Isso lhes possibilitava comprar mais escravos e adquirir de Portugal produtos caros, fabricados no reino, no restante da Europa ou nas feitorias e colônias lusas da Ásia, o que beneficiava o Estado e os comerciantes portugueses. O açúcar tornou-se a grande riqueza brasileira nos séculos XVI e XVII, definindo o papel do Brasil no império colonial e no mercado internacional nessa época.

Integrado ao império português e rendendo já muitos lucros à metrópole, o Brasil ingressou nas redes internacionais de comércio, participando ativamente de uma florescente economia atlântica, que unia três continentes — América, África e Europa —, movimentava fortunas e envolvia constante troca de produtos e pessoas, e portanto também de idéias, hábitos, valores, crenças e doenças. Essa economia atlântica relacionava-se à do Índico, seja porque muitos países europeus possuíam conquistas e colônias no leste da

África e na Ásia e/ou comerciavam com essas regiões, seja porque, sendo o comércio entre a Ásia e a África oriental florescente desde pelo menos o período medieval, muitas mercadorias asiáticas transportadas até a costa leste africana atingiam, a partir do século XVI, o Atlântico.

Entre 1580 e 1640, quando foi espanhol, o Brasil tornou-se alvo dos ataques franceses e holandeses no litoral. Esses últimos tiveram profundas conseqüências para a nossa economia. Após expulsos, os holandeses plantaram nas Antilhas açúcar de melhor qualidade e preço final mais baixo que o brasileiro, ganhando a concorrência internacional, o que gerou um decréscimo na situação econômica do Brasil. Durante o mesmo período, como desapareceu a linha de Tordesilhas (que, no Brasil atual, iria de Belém a Laguna, em Santa Catarina), o Brasil avançou sem problemas sobre os espaços espanhóis na América do Sul. E o fez com extraordinária energia: entradas, bandeiras e moções, partindo em geral de São Paulo, vasculharam os caminhos do oeste — os atuais interior de São Paulo, Minas Gerais, Goiás, Tocantins, Mato Grosso do Sul e Mato Grosso —, em busca de índios para escravizar e de novas riquezas, principalmente metais preciosos. Tais áreas eram então pouquíssimo exploradas pela Espanha, pois, tal como ocorreu com a colonização portuguesa na América do Sul, a espanhola começara também pelo litoral, avançando lentamente para o interior.

Os resultados dessas incursões foram extraordinários. Caçados como animais nas áreas de onde eram originários ou para onde haviam se mudado desde o litoral, a fim de fugir ao contato devastador dos brancos, diversos grupos indígenas foram exterminados, drasticamente reduzidos ou obrigados a de novo fugir, para o extremo oeste e a região norte. À custa das vidas dos índios, o Brasil ampliou imensamente o território. Portugal, após a independência da Espanha em 1640, negociou com este país vários tratados que acabaram por garantir para os portugueses a maioria das áreas alcançadas pelas bandeiras. As incursões pelo interior também descobriram ouro, o que provocou fortes transformações dentro do Brasil, no império português e na posição brasileira neste império.

Os metais e as pedras preciosas atraíram para a região aurífera uma gigantesca migração, de proporções até então desconhecidas na colônia. Eram em sua maioria homens, provenientes de várias áreas do Brasil, de Portugal, de outras partes do império e de outros países, sequiosos para enriquecer depressa, aos quais a Coroa, por mais que tentasse, não conseguiu impedir o acesso às minas. A mineração fez aumentar os choques entre colonos e grupos indígenas, fixou parte da população que atraiu (inclusive um grande número de escravos), colonizou e urbanizou as principais áreas onde ocorreu e gerou a ocupação e/ou colonização de outras regiões do país — como o interior do nordeste e a região sul —, devido ao desenvolvimento da pecuária, destinada ao abastecimento e transporte nas áreas mineradoras. Graças à fortuna extraída da colônia americana, transformada na — literalmente! — mina de ouro do império, Portugal adiou em quase um século sua derrocada econômica, que veio a ocorrer a partir do século XIX. E, devido ao fato de boa parte do ouro brasileiro ter ido parar na Inglaterra — o que serviu para acelerar o processo de industrialização britânica —, aconteceu uma ironia da história: necessitada de matérias-primas e mercados para a grande quantidade de mercadorias que passara a produzir em ritmo industrial, a Inglaterra tornou-se ardorosa defensora da independência das colônias dos outros países, pois dessa forma eliminaria incômodos intermediários — as antigas metrópoles —, ao mesmo tempo em que atrairia para sua própria órbita econômica os países recém-independentes. Ou seja, Portugal ajudou a financiar a industrialização da Inglaterra, o que contribuiu para a independência brasileira; esta, por sua vez, prejudicou Portugal, que então se tornou ainda mais dependente da Inglaterra.

Quando os veios superficiais do ouro de aluvião se esgotaram — e inexistindo na colônia tecnologia capaz de explorar o ouro de rocha em escala comercial —, a metrópole continuou a cobrar das áreas mineradoras os mesmos pesadíssimos impostos, mantendo a "indústria fiscal" característica de Portugal, aguçada pelo período de fausto do ouro. O inconformismo da população das minas com essa situação, principalmente o dos ricos comerciantes, explodiu na Inconfidência Mineira de 1789, o movimento que anunciou a existência, no Brasil, de um sólido e bem estabelecido setor de negociantes cujos interesses não mais coincidiam com os de Portugal. Os grandes comerciantes brasileiros — apoiados pela Inglaterra, influenciados pelo liberalismo e beneficiados pelo extraordinário aumento dos negócios ocorrido a partir de 1808, em decorrência da mudança da corte portuguesa para o Rio de Janeiro —, lideraram o movimento de independência do Brasil, marcando o fim da presença brasileira no império português.

Lembranças, heranças

Em 1822 o Brasil desligou-se do império português, que terminou na prática em 1975, quando Portugal abandonou várias colônias, e desapareceu completamente em 1999, quando devolveu Macau. Suas marcas, porém, permanecem até hoje em cada um dos espaços de língua portuguesa no mundo. São marcas vivas, presentes no sangue, na linguagem, na dança, na arquitetura, nas religiões, nas lembranças, nos alimentos, nos sentimentos, nos objetos, na música, nos comportamentos, nos nomes e na história de cada um, numa complexa e emaranhada mistura de mundos, da qual os brasileiros fazem parte.

Quando um japonês, na longínqua terra do Oriente, pronuncia *arigatô*, está dizendo a palavra portuguesa "obrigado", da maneira como, há quatro séculos e meio, os japoneses conseguiram entendê-la na estranha fala dos homens brancos chegados de longe em seus barcos, com vontade de comerciar e professando uma fé desconhecida — *arigatô* é, em suma, palavra de origem portuguesa. Ao dar uma volta de jangada no mar, pescadores e turistas brasileiros estão repetindo uma experiência ocorrida há mais de 500 anos com Vasco da Gama, na Índia. Convidado a visitar o todo-poderoso samorim de Calicut em seu palácio, o navegante português paramentou-se (vestes de veludo, meias compridas, manto, chapéu de plumas e jóias caras, a uma temperatura de cerca de 35ºC), para impressionar o senhor das especiarias. Carregado em um palanquim durante 12 quilômetros, o português foi depois acomodado em um tipo de embarcação rasa e leve, a jangada, palavra derivada do malalaia *changadam*, que depois atravessaria oceanos para transportar brasileiros pelas praias do nordeste. Muitas palavras árabes foram assimiladas pelos portugueses e espanhóis, integrando hoje o vocabulário do Brasil e de vários outros países (álcool, armazém, alqueire, alface...). Quando um português pergunta "Tudo bem?", está usando expressão bem brasileira, aprendida nas novelas que conquistaram Portugal. Ao pronunciar as palavras capim, capenga, churrasco, canjica, capoeira, fubá, mocotó, quilombo, quitanda, senzala, xingar, zumbi, entre tantas outras, os brasileiros estão empregando palavras vindas de Angola. A mesma Angola que um dia criou a capoeira, trazida para o Brasil pelos africanos mas hoje, como os angolanos a esqueceram, ensinada a estes por brasileiros.

Durante longo período, Portugal criou raízes em Cabo Verde, Angola, Moçambique, Guiné-Bissau, China, São Tomé, Índia, Brasil... Hoje, pelas antigas ladeiras de Lisboa circulam grupos de africanos, brasileiros, goenses, timorenses, macaenses etc., muitos em busca de melhores condições de vida. As ex-colônias estão tomando conta da ex-metrópole, e Portugal, país com longa história de emigração, recebe pela primeira vez, assombrado, ondas sucessivas de imigrantes. Alguns desses são pessoas que, embora de origem portuguesa, nasceram nas colônias africanas ou lá viveram durante décadas, pertencendo ali a uma elite branca, católica, de boa situação econômica, unida por vários laços a Portugal e vivendo em África afastada da grande maioria da população local — negra, pobre, muçulmana ou pertencente ao candomblé — ou mantendo com esta relações de mando e poder. Expulsos das colônias africanas durante a independência destas, a maioria foi para Portugal. Vários desses "retornados" (como foram chamados em Lisboa) descobriram, então, alguns surpresos, outros horrorizados, que não eram portugueses. Não se sentiam portugueses nem eram assim considerados pela população de Portugal. Até hoje muitos têm saudades do clima, das praias, das cores, da vegetação, do sabor das frutas da África... (de qual África?, poderia-se perguntar). Tal qual a mítica península ibérica criada pelo escritor português José Saramago — que, desgarrada de repente da Europa, ficou à deriva, até fixar-se no oceano Atlântico, entre Europa, África e América —, os retornados também se percebem deslocados; talvez alguns se sintam perdidos, como náufragos, já que não existe mais uma terra específica para eles.

A circulação de pessoas pelos espaços portugueses sempre foi intensa. No império eminentemente comercial o mar ligava, o mar unia, não afastava. Entre 1546 e 1549, um gramático e poeta banido de Portugal guerreou em África; de volta a Lisboa, meteu-se em confusões, foi preso e libertado em 1553, com a condição de lutar na Índia. Além de Goa, o inquieto gramático-poeta esteve nas Molucas, em Malaca e em Moçambique, onde viveu dois anos antes de regressar a Lisboa e aí publicar, em 1572, o seu *Os Lusíadas*. Tal qual Camões (degredado na Índia e em África, mas poderia tê-lo sido no Brasil) e tambem outro grande poeta, Gregório de Matos, banido do Brasil para Moçambique, muitos homens e mulheres circularam obrigados pelos espaços portugueses — como degredados, ou como escravos, a pior das condições humanas —, enquanto outros embarcaram por vontade própria, em busca de terras, trabalho, cargos, ouro, fortuna, pregações religiosas... Ao viajar, transportavam consigo o próprio mundo, que ia se modificando pela experiência mesma da viagem e pela permanência junto a espaços e culturas outros, de modo que, ao cabo, acabavam se misturando e construindo novas e surpreendentes culturas.

A circulação das pessoas (e, com elas, das mercadorias, crenças, valores, doenças...) não se deu apenas entre Portugal e cada uma de suas colônias. Aconteceu, sempre em mão dupla, entre colônias portuguesas apenas; entre várias colônias portuguesas e Portugal, nas viagens triangulares tão típicas do império; entre Lisboa e diversas regiões do mundo; entre vários países (França, Espanha, Holanda, Espanha, Inglaterra etc.) e Portugal, pois o contrabando e a curiosidade foram sempre fortes. O pequeno trecho a seguir, de uma carta escrita na Bahia pelo padre Antônio Vieira em 27 de junho de 1685 ao assistente de Portugal em Roma, padre Antônio do Rego — um clérigo português no Brasil escrevendo a um clérigo português na Santa Sé — , dá uma idéia da grande circulação de pessoas e novidades à época: "Angola arde em peste de bexigas, de que está quase despovoada. Da Índia e de como esteve Goa quase perdida darão notícias os dois padres

Ciceri e Candone, que aqui chegaram arribado, um missionário da China, outro da Cochinchina."

A mangueira, a jaca, a canela, o cravo, a pimenta-do-reino ("do reino", porque, embora originária da Ásia, era embarcada para a América em Portugal) vieram um dia da Ásia para o Brasil, por intermédio dos portugueses, assim como o boi foi transportado da Índia até São Tomé, de onde foi trazido para terras brasileiras. O abacaxi, a pinha, o amendoim e a mandioca, entre outros, saíram um dia do Brasil para alcançar a Europa, a África e a Ásia. A borracha foi do Pará para Moçambique e Malaca, espalhando-se pelo resto do mundo. Enquanto isso, a palavra *cahu-chuc*, empregada pelos índios Omagua da Amazônia para designar a borracha *Hevea brasiliensis*, passou para o inglês (*caou-tchouc*), o francês (*caoutchouc*), o espanhol (*cauchu*) e o italiano (*caucciù*), retornando depois ao Brasil no termo *recauchutar*. Os Omagua fabricavam bonecos de borracha, em forma de garrafa, a que os portugueses chamaram seringa — origem da palavra *seringueira*. No final do século XVIII, como faziam já outros países europeus, Portugal resolveu criar jardins botânicos no reino e no ultramar, como estações agrárias, para adaptação de plantas entre as varias regiões do império. No jardim do Rio de Janeiro, entre muitas mudas oriundas de várias partes do mundo, foi plantado chá, proveniente da Índia, embora fosse originário da China. As primeiras plantas de chá foram introduzidas em 1810 e, para garantir-lhes tratamento adequado, o Conde de Linhares, primeiro-ministro de Portugal, mandou vir do interior da China colonos especializados em cultivar e preparar chá. O chá esparramou-se pelo Vale do Paraíba, penetrando com grande sucesso nas áreas de São Paulo e Santo André. O vale do Anhangabaú, hoje no coração da capital paulista, também tinha a sua plantação, cuja lembrança ficou registrada no nome de umas de suas mais famosas construções, o Viaduto do Chá. Por surpreendentes caminhos a história do Brasil se ligou e se liga às de Portugal e dos países outrora portugueses.

As heranças dessa história comum nem sempre foram doces, como a cana-de-açúcar ou a água de coco que os portugueses transportaram de longe. Muitas populações nativas da América, das costas da África e de regiões da Ásia, onde os conquistadores lusitanos estiveram, foram desrespeitadas, humilhadas, escravizadas e mortas. As ex-colônias lusas no continente africano estão hoje entre os países mais pobres do mundo, apesar de algumas — como Angola, com seu grande número e quantidade de metais preciosos — serem potencialmente muito ricas. Todas as riquezas encontradas nas colônias portuguesas foram sistematicamente saqueadas e drenadas para o exterior, para sustentar a metrópole e os países a quem ela devia, numa exploração sem limites. Nunca foi possível, às colônias lusitanas, produzir o que desejavam nem iniciar indústrias. Nas ocasiões em que a sorte bafejou alguma delas com a descoberta de um bem capaz de enriquecê-la — como o ouro, no Brasil —, a rapina foi tão violenta que a descoberta acabou se voltando contra a própria colônia, conforme ocorreu com a cobrança dos pesados impostos sobre o ouro e com a punição aos inconfidentes.

Os brasileiros herdaram um Estado lento, burocratizado, inchado, o popular "cabide de empregos", com seus apaniguados, criticados já no século XVI em Portugal pelo poeta Garcia de Resende: "A corte de Portugal [...]/ Tem cinco mil moradores/ Em que entram muitos senhores,/ A que El-Rei dá assentamentos,/ Moradias, casamentos,/ Tenças, mercês e honores." No Brasil atual, é um Estado desligado dos interesses da população, autoritário, que já esmagou várias vezes o seu povo, podendo vir a fazê-lo de novo. Um Estado que, tal como faziam os reis portugueses, cobra impostos altíssimos, porém é capaz de gastar o que arrecada não em benefício da população — em saúde, educação, habitação, agricultura etc. —, mas no sustento de sua própria máquina ou em obras colossais, destinadas a ostentar ou a tornar uma minoria ainda mais rica: quem se lembra hoje da Transamazônica, a imensa e caríssima estrada que cortava a Amazônia no sentido leste-oeste, ligando "o nada a coisa nenhuma", como ironizava o povo? A floresta amazônica a engoliu.

Os brasileiros herdaram um Estado que, tal como em Portugal antigo, não hesita em contrair no exterior dívidas que não pode pagar, e onde a corrupção não é individual nem eventual, mas grupal e costumeira. Herdaram uma elite, crescida à sombra desse Estado, digna dos piores defeitos das cortes portuguesas e sem nenhuma das qualidades destas, uma elite em grande parte ignorante, parasitária, perdulária e desprovida de consciência social: somos hoje o país com a mais alta concentração de terras e uma das mais elevadas concentrações de renda do mundo. Os brasileiros herdaram uma mentalidade que, tal como já ocorreu em Portugal, encara as leis não como proteção ao conjunto da sociedade — devendo por isso ser respeitadas —, mas como punição aos críticos e adversários dos governantes e poderosos ("Aos inimigos, a lei"). Em tempos do Portugal antigo, as leis eram feitas para ser respeitadas até quando o rei ou algum poderoso assim o desejasse.

Para defender-se da ação conjugada do Estado e das elites, a população do Brasil desenvolveu uma série de comportamentos, dos quais o mais famoso é o "jeitinho", a capacidade de resolver problemas por meios pouco ortodoxos, não-oficiais ou não-legais. Muitos acham que o jeitinho é brasileiro, mas nós pensamos que é luso-brasileiro, pois está presente na história de Portugal e do Brasil colonial. O jeitinho apresenta um lado simpático, bonachão, informal, capaz de colocar pessoas em contato umas com as outras para se ajudarem mutuamente, possibilitando substituir a rigidez às vezes inflexível das leis e ordens pela criatividade e grandeza humanas: "Chegaram inesperadamente mais três pessoas para o almoço? Não há problema, dá-se um jeitinho!" O outro lado do mesmo jeitinho, porém, expressa a vontade de conseguir vantagens indevidas, burlando leis e ordens em proveito exclusivamente próprio: "Fulano não pode tirar carteira de motorista porque não sabe dirigir? Bem, se Fulano nos pagar, podemos dar um jeitinho...". Foram numerosíssimos, em Portugal e no Brasil de outrora, os testemunhos sobre atitudes semelhantes, de pessoas sequiosas de "dar um jeitinho": "Os pequenos comerciantes portugueses sediados aqui [no Brasil] de tudo fazem para obter o ... lucro indevido ... dedicam-se a alterar os pesos", escreveu nos anos finais da colônia o viajante francês Saint-Hilaire. Finalmente, muitos brasileiros herdaram a tendência à ostentação e ao desperdício, ligada à preocupação — típica das sociedades de corte — de aparentar mais do que se é ou se tem. Da mesma forma que hoje existem famílias brasileiras que se alimentam mal para poder exibir o carro do ano, no Brasil colonial, segundo o Visconde de Cairu, era "prova de mendicidade extrema o não ter um escravo; ter-se-ão todos os incômodos, mas um escravo".

Conclusão

Os brasileiros têm tradição em representar a si próprios, em seus mapas, canções, histórias, ensaios etc., desligados do restante do mundo, como uma enorme nação de costas para a América do Sul, autocentrada sobre o território que cresceu para dentro, voltada apenas para o Atlântico, um oceano misterioso, já que o Brasil não foi nem é país essencialmente de emigrantes ou marinheiros. Do outro lado do mar, os brasileiros vislumbram uma Europa distante, idealizada e invejada, mas pouco conhecida, uma África sobre a qual quase tudo ignoram, e uma Ásia longínqua, exótica, que parece adquirir alguma humanidade só quando concretizada nos imigrantes orientais, principalmente nos japoneses ou coreanos. Na América do Norte situa-se um poderoso objeto do desejo, os Estados Unidos, mas do qual a maioria dos turistas brasileiros conhece apenas uma porção ínfima, simbolizada por dois centros de consumo: a cidade de Miami e a Disneyworld, ambas na península da Flórida. Esse Brasil isolado de si mesmo é um Brasil-ilha, estranhamente a evocar Vera Cruz, a ilha que Pedro Álvares Cabral, há cerca de 500 anos, enxergou e nomeou.

Essa imagem orgulhosa de um Brasil gigante que se basta a si mesmo traz dois fatos e uma ilusão. O primeiro fato é a enorme, colossal ignorância da maioria dos brasileiros em relação ao restante do mundo. O segundo, o de que esse país possui características que, combinadas de uma forma específica, lhe conferem uma identidade própria. A ilusão é a de que o Brasil tem uma história de isolamento. Os poucos exemplos coletados neste livro demostram o contrário: desde antes de 1500 o Brasil esteve intensamente ligado às outras regiões do planeta, enviando e recebendo pessoas, produtos, animais, palavras, sentimentos, localizado bem ali, no meio do mundo.

Cronologia

1415 Conquista de Ceuta

1434 Gil Eanes dobra o Cabo Bojador

1488 Bartolomeu Dias contorna o Cabo da Boa Esperança, alcançando o oceano Índico

1498 Vasco da Gama chega a Calicut

1500 Cabral alcança a Índia, depois de chegar ao Brasil

1510 Afonso de Albuquerque conquista Goa

1513 Os primeiros portugueses chegam à China

1543 Os portugueses atingem o Japão

1580-1640 Portugal permanece sob domínio espanhol

1808 A família real portuguesa transfere-se para o Brasil

1822 Independência do Brasil

1961 Goa, Diu e Damão são anexadas ao Estado da Índia

1975 Portugal abandona Moçambique, Angola, Guiné-Bissau, Timor Leste, Cabo Verde e São Tomé e Príncipe

1999 Macau é devolvida à China e Timor Leste se desliga da Indonésia

Referências e fontes

O cortejo português apresentado na Introdução foi descrito, com base em relatos quinhentistas, por Joaquim Pedro de Oliveira Martins, clássico da historiografia portuguesa do século XIX e dono de estilo incomparável, na sua *História de Portugal* (livro com várias edições, entre elas a publicada em Lisboa, em 1951, pela editora Guimarães).

O sociólogo Gilberto Freyre cunhou a expressão citada à p.11 em seu livro *Mundo que o português criou: aspectos das relações sociais e de cultura do Brasil com Portugal e as colônias portuguesas*, Rio de Janeiro, José Olympio, 1940.

A imagem de D. Manuel vigiando suas mercadorias desde o palácio, assim como o texto transcrito à p.35, é do clássico português João Lúcio de Azevedo, em *Épocas de Portugal econômico,* Lisboa, Livraria Clássica,1929.

A citação da p.18 faz parte de um texto de Jean Parmentier publicado no volume III (p.423-32) de uma importante coleção de viagens editada pelo italiano Giambattista Ramusio em 1565, intitulada *Delle navigationi et viaggio*.

O trecho da p.27, do historiador indiano K.M. Pannikar, está em *A dominação ocidental na Ásia, do século XV aos nossos dias*, Rio de Janeiro, Saga, 1975.

As idéias das p.18-21 (sobre os locais importantes do início e dos séculos posteriores do império) e 45-46 (sobre o papel do açúcar brasileiro no império português) foram desenvolvidas em um outro livro dos mesmos autores deste, intitulado *A formação do império português (1415-1580)*, São Paulo, Atual, 1999.

Jangada de pedra, de autoria do Prêmio Nobel de literatura, português José Saramago, citado à p.53, foi publicado no Brasil pela Companhia das Letras, em 1988.

As referências ao "jeitinho" como uma característica da sociedade relacional brasileira baseiam-se nas idéias do antropólogo Roberto DaMatta, principalmente em seu livro, hoje clássico, *Carnaval, malandros e heróis*, Rio de Janeiro, Guanabara, várias edições.

A carta do jesuíta Antônio Vieira, transcrita em parte às p.54-55, foi publicada em Leite, Serafim. *Novas cartas jesuíticas*, São Paulo, Companhia Editora Nacional, 1940.

Os versos da p.57, compostos no século XVI, foram publicados no *Livro das obras de Garcia de Resende*, Lisboa, Fundação Calouste Gulbenkian, 1994.

A citação de Auguste de Saint-Hilaire, à p.59, está em *Viagem ao Rio Grande do Sul, 1820-1821*, Belo Horizonte/São Paulo, Itatiaia/Edusp, 1974.

A última citação, também à p.59, faz parte de uma carta de 1781 escrita por José da Silva Lisboa, o Visconde de Cairu, publicada em *Anais da Biblioteca Nacional*, vol. 32, Rio de Janeiro, 1910.

Leitura sugerida

Além dos livros citados às páginas anteriores, sugerimos a leitura de:

• Albuquerque, Luís de (org.). *Dicionário da história dos descobrimentos e expansão portuguesa,* 2 vols., Lisboa, Caminho, 1994. Realizado com a colaboração de diversos historiadores, é obra atualizada, que contém informações e análises sobre o conjunto das ações portuguesas além-mar, especialmente dos séculos XV a XVII.

• Bethencourt, Francisco e K.N. Chaudhuri (orgs.). *História da expansão portuguesa*, vários volumes, Lisboa, Círculo de Leitores, 1997 em diante. Trata-se da mais recente (há volumes ainda sendo editados) história da expansão lusa além-mar, escrita por especialistas de vários países.

• Boxer, Charles. *O império colonial português*, São Paulo, Edições 70, 1977, e *Relações raciais no império colonial português, 1415-1825*, Rio de Janeiro, Tempo Brasileiro, 1967. Dois livros clássicos do maior especialista inglês na história dos primeiros séculos do império lusitano.

• Godinho, Vitorino Magalhães. *Mito e mercadoria, utopia e prática de navegar*, Lisboa, Difel, 1990. O último livro do grande estudioso português da expansão lusa.

• Mattoso, José (org.). *História de Portugal*, 7 vols., Lisboa, Editorial Estampa, várias datas. Uma bem cuidada história de Portugal, organizada por um de seus mais competentes historiadores. O volume sob direção de António Manuel Hespanha é primoroso.

• Russell-Wood, A.J.R. *Um mundo em movimento: os portugueses na África, Ásia e América (1415-1808)*, Lisboa, Difel, 1998. Escrita por um discípulo de Boxer, essa ótima reflexão acerca das conexões portuguesas além-mar ainda aguarda edição brasileira.

Sobre os autores

Janaína Amado é professora titular do Departamento de História da Universidade de Brasília (UnB), onde ensina história moderna e história do Brasil.

Luiz Carlos Figueiredo é jornalista, filósofo e bacharel em letras clássicas. Ambos residiram em Portugal e nos Estados Unidos, onde pesquisaram em arquivos e bibliotecas especializadas sobre temas ligados à história do império português. São co-autores de diversos livros, entre os quais *A formação do império português* (São Paulo, Atual, 1999) e *Brasil 1500: 40 documentos* (Brasília, Editora da UnB).

Coleção Descobrindo o Brasil
direção: Celso Castro

A modernização da imprensa (1970-2000)
Alzira Alves de Abreu

O Brasil no império português
Janaina Amado e Luiz Figueiredo

Os intelectuais da educação
Helena Bomeny

A era do rádio
Lia Calabre

A invenção do Exército brasileiro
A proclamação da República
Celso Castro

O Estado Novo
Maria Celina D'Araujo

A belle époque amazônica
Ana Maria Daou

O livro e a leitura no Brasil
Alessandra El Far

O pensamento nacionalista autoritário
Boris Fausto

Os índios antes do Brasil
Carlos Fausto

Os brasileiros e a Segunda Guerra Mundial
Francisco César Ferraz

Rebeliões no Brasil Colônia
Luciano Figueiredo

Palmares, ontem e hoje
Pedro P. Funari e Aline V. Carvalho

A arte rupestre no Brasil
Sambaqui: arqueologia do litoral brasileiro
Madu Gaspar

As formas do espaço brasileiro
Pedro Geiger

Cidadania e direitos do trabalho
Angela de Castro Gomes

Negros e política (1888-1937)
Flávio Gomes

Código Civil e cidadania
Keila Grinberg

Como falam os brasileiros
Yonne Leite e Dinah Callou

Uma viagem com Debret
Valéria Lima

O nascimento da imprensa brasileira
Isabel Lustosa

Escravidão e cidadania no Brasil monárquico
Hebe Maria Mattos

Os evangélicos
Clara Mafra

O sindicalismo brasileiro após 1930
Marcelo Badaró Mattos

O período das Regências (1831-1840)
Marco Morel

Da Bossa Nova à Tropicália
Santuza Cambraia Naves

Arqueologia da Amazônia
Eduardo Góes Neves

O Brasil dos imigrantes
Lucia Lippi Oliveira

Política externa brasileira
Leticia Pinheiro

Ditadura militar, esquerdas e sociedade
Daniel Aarão Reis

A Independência do Brasil
Iara Lis C. Souza

Partidos políticos no Brasil (1945-2000)
Rogerio Schmitt

O Império em procissão
Lilia Moritz Schwarcz

Modernismo e música brasileira
Elizabeth Travassos Lins

A fotografia no Império
Pedro Karp Vasquez

Brasil de todos os santos
Ronaldo Vainfas e Juliana Souza